Gute Beratung, schlechte Ergebnisse: Wie Sie mit der "schlechtesten Beratung der Welt" die Beratungs-Fallen umgehen

Was jeder Entscheider über Berater wissen sollte, 9 Erfolgsstrategien für echte Ergebnisse

Gebhard Borck & Francois Zietlow

Vorwort

Wie wir uns den Titel „Die schlechteste Beratung der Welt" verdient haben.

Willkommen in der wundervollen Welt der schlechten Beratung! Ja, Sie haben richtig gelesen – **wir** sind stolz darauf, die **schlechteste Beratung der Welt** zu sein. Das ist kein Titel, den wir zufällig bekommen haben. Nein, wir haben hart dafür gearbeitet, wirklich *alles* falsch zu machen, was man in der Beratungsbranche falsch machen kann. Und das Beste daran? Wir verdienen trotzdem erfolgreich unser Einkommen! Verrückt, oder?

Als Francois und Gebhard, die zwei tapfersten Ritter der Anti-Beratung, sind wir durch den Dschungel der Consulting-Weisheiten gestolpert, haben PowerPoint-Folien gemieden wie die Pest und absichtlich jede Strategie verpasst, die unsere Kollegen so erfolgreich macht. Denn wer will schon richtig gute Beratung, wenn man eine so herrlich schlechte wie unsere haben kann? Wir sind die Leute, die mit leeren Händen (und noch leereren Konzept-Köpfen) in Ihre Firma kommen und fragen: „Was ist denn *wirklich* euer Problem?" Kein fancy Pitch, keine überteuerten Senior-Berater, die im Anzug glänzen – einfach nur wir und Ihr Chaos.

Stellen Sie sich mal vor, wie absurd das ist: Andere Berater schicken ihre frisch ausgebildeten Junioren, die sich vor Theorie kaum retten können, um Ihnen den letzten Cent aus der Tasche zu ziehen. Und was tun wir? **Wir lösen tatsächlich Ihre Probleme!** Was für eine Schande für die Branche. Während andere ihre State-of-the-Art-Must-Haves auf Folie

178 präsentieren, sitzen wir bereits im Arbeitsmeeting und kratzen uns am Kopf, weil wir keine einzige PowerPoint-Folie dabei haben. *Nicht eine Einzige!* Wer braucht schon vorgefasste Konzepte, wenn man einfach sofort loslegen kann?

Aber das Allerschlimmste? **Wir machen Sie auch noch unabhängig von uns!** Ja, Sie haben richtig gelesen. Nach einer Weile können Sie alles, was wir einbringen, selbst machen. Sie brauchen uns nicht mehr. Unfassbar, oder? Jeder halbwegs vernünftige Berater klappt hier das Buch zu. Aber wir sind ja bekanntlich „Die schlechteste Beratung der Welt", also haben wir kein Problem damit, uns selbst abzuschaffen. Denn wer will schon jahrelang am Kunden kleben, wenn man ihn auch einfach in die Freiheit entlassen kann?

Also ja, wir haben diesen Titel verdient. **Wir sind die schlechteste Beratung der Welt** – und darauf sind wir verdammt stolz. Wenn Sie also auf der Suche nach Beratern sind, die alles tun, um Sie in ewiger Abhängigkeit zu halten, lesen Sie bitte weiter. Aber wenn Sie mutig genug sind, uns zu beauftragen, freuen wir uns schon auf den Tag, an dem Sie uns rausschmeißen, weil Sie es selbst besser können.

Francois & Gebhard Ihre Profis im Nicht-Beraten

Die Autoren
Francois & Gebhard

Francois und **Gebhard** sind zwei erfahrene Unternehmer, die sich durch eines auszeichnen: Sie denken anders – und das spiegelt sich auch in diesem Buch wider. Sie arbeiten zwar nicht ständig zusammen, aber wenn ihre Wege sich kreuzen, entsteht etwas Besonderes. Genau aus dieser kreativen Freiheit und der unabhängigen Herangehensweise beider entstand die Idee, den Beratungsmarkt einmal gehörig auf den Kopf zu stellen.

Francois ist bekannt für seine Fähigkeit, scheinbar unlösbare Probleme zu entwirren – ohne dabei auf die üblichen Beratungsfloskeln zurückzugreifen. Er liebt es, Dinge auf den Punkt zu bringen, und in seiner Welt hat jedes Problem eine klare, simple Lösung. Gerade deshalb kann er Ihnen in diesem Buch zeigen, wie Beratung wirklich funktionieren sollte: schnörkellos, transparent und ergebnisorientiert.

Gebhard ist der Pragmatiker, der sich durch seine Fähigkeit auszeichnet, komplexe Prozesse verständlich zu machen – mit einer Direktheit, die erfrischend und manchmal auch unerwartet ist. Gebhard weiß genau, wie man Beratungszyklen verkürzt und welche Wege tatsächlich zu langfristigem Erfolg führen. In diesem Buch bringt er seine Überzeugung ein, dass der Erfolg einer Beratung darin besteht, dass der Kunde am Ende auf eigenen Beinen steht.

Was haben Sie, die Leserinnen und Leser, davon, dass gerade **François** und **Gebhard** dieses Buch geschrieben haben? Ganz einfach: Sie profitieren von einer einzigartigen Kombination aus tiefem Fachwissen und einer gnadenlosen Ehrlichkeit mit einem Augenzwinkern, das in der Beratungswelt selten ist. Die beiden zeigen Ihnen in diesem Buch nicht nur, wie Sie die "Gute Beratung" von der "Schlechtesten Beratung der Welt" unterscheiden können, sondern auch, wie Sie mit klaren Entscheidungen und transparenter Beratung zu langfristigem Erfolg kommen – ohne sich von endlosen Beratungszyklen abhängig zu machen.

GUTE BERATUNG, SCHLECHTE ERGEBNISSE

1. Edition, 2024

© 7. Oktober 2024 All rights reserved.

Edition sinnvoll wirtschaften

Bayernstr. 31

75177 Pforzheim

INHALTSVERZEICHNIS

TEIL 1: DIE SHOW DER „GUTEN BERATUNG"	9
KAPITEL 1: WAS „GUTE BERATUNG" VERSPRICHT UND WARUM SIE DARAUF HEREINFALLEN SOLLTEN	13
KAPITEL 2: DIE BERATUNGSBRANCHE – EIN ORT FÜR POWERPOINT-FETISCHISTEN	17
KAPITEL 3: WIE SIE VON IHRER BERATUNG LANGFRISTIG ABHÄNGIG WERDEN	21
TEIL 2: DAS GELD SPIELT EINE ROLLE	25
KAPITEL 4: PRICING: WIE SIE MÖGLICHST VIEL FÜR WENIG LEISTUNG ZAHLEN	31
KAPITEL 5: DIE PERFEKTE BERATUNG: EIN KONZEPT, DAS NIE FUNKTIONIERT	35
KAPITEL 6: WARUM SIE KEINE KOMPETENZEN AUFBAUEN SOLLTEN – LASSEN SIE DAS IHRE BERATER MACHEN!	39
TEIL 3: VERÄNDERUNGEN UND INNOVATION	43
KAPITEL 7: WENN DER BERATER DIE FIRMA VERLÄSST – EIN ECHTER SCHOCK FÜR „GUTE BERATER"	49
KAPITEL 8: CHANGE MANAGEMENT – WIE LÄRCHEN UND BÄUME IHNEN ALLES ÜBER BERATUNG SAGEN KÖNNEN	53
KAPITEL 9: INNOVATIONSPROZESSE – LASSEN SIE DAS LIEBER DIE PROFIS MACHEN	57
ANHANG: PRAKTISCHE WERKZEUGE FÜR IHRE BERATUNGSWAHL	61
CHECKLISTEN UND PRÜFFORMULARE	64
ABSCHLUSS: DIE SUCHE NACH DER RICHTIGEN BERATUNG	79

GUTE BERATUNG, SCHLECHTE ERGEBNISSE

Teil 1:
Die Show der
„Guten Beratung"

Was Ihnen Berater wirklich verkaufen

GUTE BERATUNG, SCHLECHTE ERGEBNISSE

Stellen Sie sich vor: Es ist Montagmorgen, Ihre Kaffeemaschine kämpft tapfer um den letzten Tropfen Lebenselixier, und da taucht sie auf – **die Beraterin**. Ihr strahlendes Lächeln, perfekt abgestimmtes Outfit und eine PowerPoint-Präsentation, die mehr Farben enthält als ein Regenbogen im Comicbuchladen. Willkommen im Theater der „Guten Beratung", wo alles inszeniert ist und das eigentliche Ziel nur am Rande etwas mit der Lösung Ihrer Probleme zu tun hat.

Die Show beginnt! Gleich auf der ersten Folie erscheint der schicke Unternehmensname, daneben das Logo und darunter die fünf wichtigsten Werte: „Effizienz", „Transformation", „Nachhaltigkeit", „Innovation" und... Moment, was war der Letzte? Egal, es klingt auf jeden Fall toll. Während Sie langsam wach werden und an Ihrem Kaffee nippen, wird Ihnen klargemacht, dass ohne diese Beraterin, die hier vor Ihnen steht, Ihr Unternehmen schon lange im Mittelalter feststecken würde – oder schlimmer noch: **Ohne Sie gäbe es gar kein Unternehmen!** Aber keine Sorge, die Beraterin hat alles im Griff. Denn sie hat **das Konzept**. Ja, **das Konzept** – es ist großartig, es ist komplex, und wenn Sie es verstehen könnten, wären Sie längst auf der Bühne dieser Show.

Teil 1:
Die Show der „Guten Beratung"

Dieses Konzept muss lediglich umgesetzt werden. Denn sie wissen Bescheid: **Die Berater.** Ganz in Schwarz, mit ernster Miene und einem Stapel Excel-Tabellen, der höher ist als Ihre Büroetage. Sie sprechen eine eigene Sprache, und Sie verstehen vielleicht die Hälfte davon – aber das spielt keine Rolle, denn die Jungs sind Profis. Sie verkaufen Ihnen den Glauben, dass Ihr Problem einfach nicht komplex genug ist. Daher erstellen sie Ihnen erst einmal ein extra schwieriges Problem, damit Sie sich endlich fühlen wie die Managerin, die Sie schon immer sein wollten.

Und was verkaufen sie Ihnen wirklich? **Abhängigkeit.** Eine süße, endlose Abhängigkeit. Sie dürfen sich zurücklehnen, während Ihre Berater sich ans Werk machen. Sie verstehen nicht, was sie tun? Perfekt! Das ist der ganze Trick. Sie könnten es auch nicht ohne sie tun. Denn nur durch die Power dieser Berater, die es schaffen, 200 Folien zu präsentieren, ohne jemals wirklich etwas zu sagen, wird Ihr Unternehmen „transformiert". Am Ende sind Sie ein Teil ihrer Show – und die Vorstellung endet nie.

Aber warum all der Zirkus? Ganz einfach: **Gute Beratung** ist nicht daran interessiert, Ihre Probleme zu lösen. Nein, das wäre viel zu einfach. **Gute Beratung** verkauft Ihnen das Gefühl, dass Sie ohne diese Berater niemals überleben könnten. Deshalb kommen die Jungs und Mädels immer wieder. Sie lösen zwar nichts, aber sie lassen Sie glauben, dass das Chaos Teil des Plans ist.

Und hier kommen wir ins Spiel: **Die schlechteste Beratung der Welt.** Keine Show, kein Glamour. Wir fragen direkt nach Ihrem Problem – und dann machen wir den schlimmsten Fehler überhaupt: **Wir versuchen, es zu lösen.**

Was erwartet Sie in den nächsten Kapiteln?

- **Kapitel 1** zeigt Ihnen, warum Sie auf die „Gute Beratung" hereinfallen und wie sie das große Showgeschäft perfektioniert hat.
- In **Kapitel 2** gehen wir auf den faszinierenden Kult rund um PowerPoint und Excel ein – die heiligen Werkzeuge jeder „Guten Beratung".
- Und **Kapitel 3** verrät Ihnen das dunkle Geheimnis, warum Sie nach jeder Beratung immer noch das Gefühl haben, diese Berater:innen zu brauchen.

Machen Sie es sich bequem und genießen Sie die Show – während wir Sie langsam zur Wahrheit führen.

Teil 1:
Die Show der
„Guten Beratung"

Kapitel 1: Was „Gute Beratung" verspricht und warum Sie darauf hereinfallen sollten

Es ist faszinierend, wie gut „Gute Beratung" darin ist, unsere tiefsten Sehnsüchte zu bedienen. Da ist vor allem diese eine Verheißung: **„Alles wird besser."** Das ist nicht nur eine Lösung – das ist der Traum vom Neuanfang! Dieses Versprechen streichelt unsere Vorstellung vom schönen Neuen, dem makellosen Morgen, an dem alles glänzt und funkelt. Die Beraterin sagt Ihnen mit strahlendem Lächeln: „Ihr Unternehmen wird transformiert – es wird nicht mehr wiederzuerkennen sein!" Und plötzlich beginnt Ihre Fantasie zu arbeiten. Ein Traum von Innovation, von schlankeren Prozessen und natürlich von noch glänzenderen Quartalszahlen. Sie können es schon sehen, wie das Unternehmen im neuen Glanz erstrahlt. Aber fragen Sie sich: Wird es wirklich so sein? Keine Sorge, **„Gute Beratung"** sorgt dafür, dass Sie weiterträumen, ohne je aufzuwachen.

Der Berater hingegen spielt ein anderes Stück auf der emotionalen Klaviatur: **„Ihr Unternehmen ist kaputt."** Jetzt wird es ernst. Er blickt Sie an, die Stirn in Falten gelegt, und sagt mit bedeutungsschwerer Stimme: „Wenn Sie jetzt nicht handeln, verpassen Sie die Zukunft. Andere sind schon viel weiter, aber ich kann Sie noch retten." Zack! Da trifft er genau ins Schwarze unserer größten Angst: **Etwas zu verpassen.** „Missing out" auf den nächsten Trend, die nächste Innovation, den nächsten großen Schritt – ein Albtraum!

GUTE BERATUNG, SCHLECHTE ERGEBNISSE

Plötzlich schleicht sich Panik ein. Aber keine Sorge, der Berater hat schon den Notfallplan im Gepäck. Natürlich. Denn die „Gute Beratung" ist nicht nur Problemerkennungsexpertin – sie hat das Drama bereits in die perfekte Verkaufsstrategie eingebaut.

Und wie verkauft sie das Ganze? Nicht etwa mit schnöden PowerPoint-Präsentationen. Nein, die Zeiten sind vorbei! Heute geht es um mehr: **Eloquente Sprache, perfekt choreografierte animierte Video-Shorts**, und natürlich die Kunst, das alles so zu verpacken, dass es mühelos und absolut professionell wirkt. Sie wissen, wie es läuft: Die Beraterin strahlt Sie an, während im Hintergrund die perfekt getimte Animation abläuft, und Sie denken sich: „Wow, die verstehen was von ihrem Handwerk!" Und das Beste? **Sie verstehen gar nichts**, aber das ist auch völlig okay, denn das Ziel ist ja, dass Sie sich beeindruckt fühlen. Und hier der Clou: Unser Gehirn erinnert sich ohnehin nur an den Anfang, den Höhepunkt und das Ende eines Vortrags. Der Rest? Egal. Aber die Länge der Präsentation lässt uns glauben, dass es wahnsinnig viel Kompetenz ist. Denn viel zu sagen bedeutet doch viel zu können, oder?

Nun, bei **„Die schlechteste Beratung der Welt"** ist es anders. Wir sitzen da, ohne eloquente Videos, ohne perfekt einstudierte Phrasen. Wir reden einfach. Kein Glitzer, kein Glamour – nur die harte Realität. Wir fragen direkt: „Was ist das eigentliche Problem?" Und dann hören wir zu. Während Sie bei der „Guten Beratung" denken, dass Sie in einer Show gelandet sind, wird bei uns gearbeitet. Keine

Teil 1:
Die Show der
„Guten Beratung"

Choreografie, keine Bühnenshow, keine magischen Videoeffekte – nur echter Einsatz. Und was ist das Ergebnis? **Wir lösen das Problem.** Ja, verrückt, oder? Und noch schlimmer: Sie werden kompetent. Sie verstehen plötzlich, wie es geht. Sie können es alleine. Katastrophe! Wir machen uns damit selbst überflüssig. Unvorstellbar in der Welt der „Guten Beratung", wo das eigentliche Ziel ist, Sie dauerhaft als Kundin oder Kunden zu behalten.

Was erwartet Sie in Kapitel 2?

In Kapitel 2 erfahren Sie alles über die Werkzeuge, mit denen „Gute Berater:innen" ihre wahre Kunst vollbringen: **Excel, Diagramme, Charts** – und natürlich endlose Listen. Aber keine Sorge, wenn Ihnen schwindelig wird – genau das ist Teil des Plans. Schließlich geht es darum, Sie mit der Komplexität zu beeindrucken, nicht um Lösungen. Bereiten Sie sich auf den nächsten Showact vor!

GUTE BERATUNG, SCHLECHTE ERGEBNISSE

Teil 1:
Die Show der
„Guten Beratung"

Kapitel 2: Die Beratungsbranche – Ein Ort für PowerPoint-Fetischisten

Die Beratungswelt ist ein magischer Ort. Hier gedeihen PowerPoint-Präsentationen, animierte Diagramme und Excel-Tabellen wie exotische Pflanzen in einem tropischen Regenwald. Wer hier überleben will, braucht nicht etwa Erfahrung oder echtes Fachwissen – nein, es geht um **die Folie**. Die **Beraterin** weiß: Eine Beratung ist nur so gut wie ihre Präsentation. Je mehr Folien, desto besser die Beratung. Ganz einfach. Wer braucht schon Lösungen, wenn man Statistiken in 3D drehen kann?

Es ist wirklich beeindruckend, was in der „Guten Beratung" alles visualisiert wird. **Die Berater** stehen stolz da und präsentieren Diagramme, die entweder so komplex sind, dass Einstein ins Schwitzen gekommen wäre. Oder die komplexe Zusammenhänge so einfach darstellen lassen, als wäre das Ziel mit Google Maps in 3 Gehminuten erreichbar. Dreidimensionale Balkendiagramme, die sich vor Ihren Augen drehen, und Tabellen, die mit jedem Mausklick eine neue Dimension der Verwirrung eröffnen. Es gibt nichts, was ein **Guter Berater** mehr liebt, als einen Stapel unverständlicher Daten, die so genial verpackt sind, dass niemand – einschließlich des Beraters selbst – mehr versteht, was eigentlich passiert. Und das ist auch genau der Punkt! **Verwirrung schafft Abhängigkeit.** Wenn Sie das Gefühl haben, den Überblick zu verlieren, können Sie sicher sein: Der

Berater hat sein Ziel erreicht. Sie sind nun in den Fängen der „Guten Beratung".

Aber es geht längst nicht mehr nur um PowerPoint. **Moderne Berater:innen** nutzen **State-of-the-Art-Technologien**, um ihre Beratungs-Show auf ein neues Level zu heben. Nehmen wir zum Beispiel animierte Videos, die Ihnen in 90 Sekunden die Zukunft Ihres Unternehmens in leuchtenden Farben zeigen. In diesen Videos fliegen Umsätze nach oben, Mitarbeiter*innen lachen glücklich und applaudieren den kreativen Vorschlägen des Beraters, während das ganze Büro in digitalem Glanz erstrahlt. Es ist wie eine Hollywood-Produktion, nur ohne Happy End für Ihr Unternehmen – denn den eigentlichen Film sehen Sie nie: **den, in dem nichts von dem funktioniert.**

Und dann gibt es noch die guten alten **Excel-Tabellen.** „Gute Beratung" liebt Excel. Es ist das heilige Buch der Beratenden, gefüllt mit Formeln, die so undurchsichtig sind wie ein Nebel über der Nordsee. Aber keine Sorge, **die Beraterin** hat alles im Griff – sie hat extra komplexe Kalkulationen für Sie vorbereitet, die beweisen, dass Sie entweder pleite sind oder es bald sein werden. Sie verstehen das nicht? Perfekt. Das ist genau der Punkt! Denn: **Komplexität schafft Autorität.** Und wenn Sie erst einmal durch genug Zellen mit bedingten Formatierungen gescrollt haben, glauben Sie schließlich alles, was **der Berater** sagt. Und das ist gut so.

Teil 1:
Die Show der
„Guten Beratung"

Aber wie erkennen Sie, dass Ihre Beratung **keine Substanz** hat? Ganz einfach: Wenn Sie nach zwei Stunden Präsentation immer noch keinen konkreten Plan haben, was die eigentliche Lösung ist – dann haben Sie es geschafft! Das war „Gute Beratung" in Bestform. **Die Beraterin** hat Sie durch den Ozean der Verwirrung navigiert, aber das Ziel? Nun, das war nie Teil der Reise. Stattdessen geht es darum, dass Sie das Gefühl haben, ohne sie niemals ankommen zu können. Und so bleibt sie, die „Gute Beratung", an Ihrer Seite – immer bereit, die nächste Präsentation zu halten und den nächsten Stapel Folien zu zaubern.

Am Ende sind es 7 zusammengefasste Bullet Points auf einem „One Pager", die als Handlungsempfehlung viel zu grob sind. Treten diese dann später nicht ein, ist ein Leichtes, sie den Mitarbeitenden oder dem Management in die Schuhe zu schieben.

Bei **„Die schlechteste Beratung der Welt"** läuft das etwas anders. Ja, wir verstehen **Excel** genauso gut wie die „Guten Berater:innen". Der Unterschied? **Wir füllen es zusammen mit Ihnen.** Statt Ihnen mit bereits vorgefertigten Zahlen und komplexen Tabellen das Hirn zu verdrehen, setzen wir uns mit Ihnen hin, bei Ihnen in der Firma, auf Ihren Servern, und entwickeln **gemeinsam** die Berechnungen und Analysen, die tatsächlich helfen, Ihre Probleme zu lösen. Keine komplizierten Formeln, die nur wir verstehen, sondern klare, nachvollziehbare Daten, die Sie selbst anwenden können – auch lange, nachdem wir weg sind.

Und was PowerPoint angeht: Nun, wir haben auch **fancy Technologien**. Wir nutzen **digitale Whiteboards**, klar – aber bei uns starten die leer. Kein vorgefertigtes „Soll-Konzept", das wir Ihnen um die Ohren hauen. Stattdessen füllt sich das Whiteboard im Laufe der Zusammenarbeit mit Ihnen – **Schritt für Schritt**, je mehr wir das Problem verstehen und die Lösung gemeinsam entwickeln. Und das Beste daran? Am Ende des Prozesses haben Sie nicht nur die Lösung, sondern auch das Verständnis dafür, sodass Sie das Ganze in Zukunft auch ohne uns bewältigen können. Keine Abhängigkeit, kein ewiges Wiedersehen – einfach nur echte Problemlösung. Traurig, oder?

Was kommt in Kapitel 3?

In **Kapitel 3** tauchen wir tiefer in die Abhängigkeit ein. Wir erklären, warum Sie nach jeder Beratung immer das Gefühl haben, Ihre Berater:innen nie wieder loszuwerden. Sie sind so clever, dass sie sich unersetzlich machen – und wir zeigen Ihnen, warum das genau so geplant ist. Bereiten Sie sich vor, das nächste große Geheimnis der „Guten Beratung" zu entdecken!

Teil 1:
Die Show der
„Guten Beratung"

Kapitel 3: Wie Sie von Ihrer Beratung langfristig abhängig werden

Es gibt in der „Guten Beratung" ein unausgesprochenes Gesetz: Einmal Kundin, immer Kundin. Das bedeutet natürlich, dass Ihre Unabhängigkeit der größte Feind der Berater:innen ist. Schließlich geht es nicht darum, Sie zu befähigen, sondern darum, Sie möglichst elegant in die Abhängigkeit zu führen – und das ohne, dass Sie es merken.

Der Berater tritt mit seiner üblichen, vertraulichen Miene auf Sie zu und erklärt in ruhigem, tiefgründigem Tonfall: „Wir sind hier, um Ihnen langfristig zur Seite zu stehen." Klingt toll, nicht wahr? Langfristige Unterstützung, jemand, der immer an Ihrer Seite ist – wie eine sichere Hand in stürmischen Zeiten. Doch was verbirgt sich wirklich dahinter? Langfristig bedeutet nämlich in der Welt der „Guten Beratung": für immer. Sie bekommen nicht nur Lösungen, sondern vor allem Probleme – und zwar so viele, dass Sie gar nicht mehr wissen, wo Sie anfangen sollen. Und wer kommt Ihnen dann zu Hilfe? Richtig, der Berater! Es ist wie eine perfekte Symbiose aus Abhängigkeit und Verwirrung. Sie merken es kaum, aber auf einmal können Sie nichts mehr ohne ihn.

Und während **die Beraterin** Ihnen lächelnd versichert, dass Sie schon bald allein klarkommen werden, läuft im Hintergrund bereits der Countdown für den nächsten Vertragszyklus. Jeder neue Workshop bringt zwar gefühlt mehr Fragen als Antworten, aber das ist ja Teil des Plans! Das Berater*innen*-Dasein ist eine Art Lebensbegleitung – nur mit dem Unterschied, dass es nie um Sie geht, sondern darum, dass Sie den Taktstock abgeben. Sie denken, Sie werden selbstständiger? Falsch! Sie geben nach und nach die Kontrolle ab. Das Ziel der „Guten Beratung" ist es, Sie so tief in den Sumpf der Beratungsabhängigkeit zu führen, dass Sie ohne die Berater*innen* nicht mal mehr Ihre Kaffeemaschine bedienen könnten.

Und dann kommen wir ins Spiel: **„Die schlechteste Beratung der Welt"**. Wir hören uns Ihre Probleme nicht nur an – nein, wir **steigen richtig mit Ihnen in die Probleme ein**. Wir graben uns durch den Schlamassel, wühlen uns bis zu den Wurzeln des Problems und lassen nicht locker, bis wir die Ursachen gefunden haben. Klingt unangenehm? Keine Sorge, das ist es auch! Aber nur so können wir gemeinsam echte Lösungen entwickeln, die genau da ansetzen, wo es wehtut. Und das Beste daran? **Wir entwickeln diese Lösungen mit Ihnen zusammen**, Schritt für Schritt, sodass Sie am Ende selbst in der Lage sind, diese Lösungen anzuwenden – ganz ohne uns. Keine Abhängigkeit, keine endlosen Nachfragen. Nur echte Problemlösung, die Sie selbst umsetzen können.

Teil 1:
Die Show der
„Guten Beratung"

Unsere schlimmste Sünde? Wir stellen sicher, dass Sie am Ende mehr wissen als wir. Das mag vielleicht unvorstellbar klingen, aber wir nehmen es in Kauf, dass Sie nach ein paar Monaten auf Augenhöhe mit uns diskutieren. Und wenn das passiert, dann packen wir unsere Sachen und sind weg – ohne weitere Rechnungen, ohne neue Verträge. Der Horror!

Was erwartet Sie in Teil 2?

In **Teil 2** wird es richtig spannend. Hier geht es um das liebe Geld, denn bei uns läuft es anders: Wir arbeiten **auf Ergebnisse hin**, aber unsere Abrechnung erfolgt **wertorientiert**. Das bedeutet, wir orientieren uns an den Werten, die unsere Kunden tatsächlich abrechnen oder bezahlen. Wir machen keine stundenbasierten Abrechnungen, sondern verrechnen das, was im Unternehmen echten Wert hat und messbare Ergebnisse erzielt. Und wenn diese ausbleiben? Kein Problem! Sie können uns jederzeit kündigen, ohne lange Vertragslaufzeiten oder versteckte Klauseln. Das ist nicht nur anders, das ist radikal – und genau deshalb machen wir es so. Also, bereiten Sie sich darauf vor, herauszufinden, wie „Die schlechteste Beratung der Welt" mit einer wertorientierten Abrechnung genau das erreicht, was andere nur versprechen

GUTE BERATUNG, SCHLECHTE ERGEBNISSE

Teil 2:
Das Geld
spielt eine Rolle

Die Kunst der Abrechnung

GUTE BERATUNG, SCHLECHTE ERGEBNISSE

Lassen Sie uns mal ehrlich sein: Am Ende dreht sich alles ums Geld. „**Gute Beratung**" weiß das – und sie spielt dieses Spiel auf höchstem Niveau. Aber bevor wir uns in die Welt der Tagessätze, Stundenkontingente und schillernden Rechnungen stürzen, fassen wir kurz zusammen, was wir bisher über die „**Gute Beratung**" gelernt haben:

- Sie bietet Ihnen immer **mehr**. Mehr PowerPoint-Folien, mehr Trend-Buzzwords, mehr Verwirrung – alles verpackt in einem glänzenden Konzept, das so vielversprechend aussieht, dass Sie einfach Ja sagen müssen.
- **Probleme?** Kein Thema – „Gute Berater:innen" werden diese für Sie verkomplizieren und dann Lösungen präsentieren, die nur sie selbst verstehen. Klingt gut? Ja, das ist der Trick!
- Und schließlich: **Unabhängigkeit?** Nein, danke! Sie bleiben auf ewig abhängig von ihnen, weil Sie nie ganz durchschauen werden, was da eigentlich passiert ist.

Nun, da Sie die wesentlichen Grundlagen verstanden haben, kommen wir zum nächsten Punkt: **Wie lässt sich mit dem Ganzen am meisten Geld machen?**

Denn wenn wir eines von der „**Guten Beratung**" lernen können, dann, wie sie den Geldhahn nie ganz zudreht. Sie haben vielleicht gedacht, Sie zahlen nur für die Beratung. Aber das ist erst der Anfang. Die wahre Kunst der „Guten Beratung" liegt in

Teil 2:
Das Geld
spielt eine Rolle

der **Abrechnung**. Hier zeigt sich der wahre Meister oder die wahre Meisterin – und es wird auf einmal klar: **Kompetenz hat ihren Preis.** Und was für einen!

Beraterinnen verstehen es, die Abrechnung so kunstvoll zu gestalten, dass sie aussieht wie ein Beitrag zur Lösung Ihres Problems. Doch eigentlich steckt dahinter ein ausgetüfteltes Finanzsystem, das Ihnen am Ende ein Loch in die Tasche brennt, während Sie das Gefühl haben, Ihre Firma hätte gerade den Sprung ins nächste Jahrhundert geschafft. **Berater** hingegen sind noch direkter: „Wenn Sie richtig gute Beratung wollen, kostet das. Viel." Und Sie, als rational denkender Mensch, nicken natürlich: „Ja, Qualität hat ihren Preis."

Die hohe Kunst besteht darin, die **Preisgestaltung so undurchsichtig** zu machen, dass Sie sich nie ganz sicher sind, was Sie da eigentlich bezahlen. Juniors werden für den Tagessatz von Seniors abgerechnet, und wenn Ihnen jemand einen Senior präsentiert, sollten Sie wissen: Dieser Mensch ist wie der gute alte Weinkeller. Je älter, desto teurer. Und je länger der Berater*in bei Ihnen im Haus ist, desto mehr müssen Sie selbstverständlich zahlen – nicht, weil er oder sie mehr arbeitet, sondern weil er oder sie einfach... da ist.

Nun zu uns, „**Die schlechteste Beratung der Welt**": Wir haben uns etwas viel Schlimmeres vorgenommen – **klare und wertorientierte Preisgestaltung**. Ja, Sie haben richtig gehört. Wir kalkulieren nicht basierend auf Fantasie-Stundensätzen oder exzentrischen

Erfolgssteroiden, sondern auf dem Wert, den wir gemeinsam mit Ihnen schaffen. Das bedeutet, dass unser Preis so gestaltet ist, dass er in Ihre wirtschaftlichen Möglichkeiten passt und gleichzeitig den Wert widerspiegelt, den wir für Ihr Unternehmen schaffen. Keine Steroide, keine versteckten Gebühren, keine unangenehmen Überraschungen. Einfach Klarheit.

Unsere **wertorientierte Preisgestaltung** vermeidet die Tricks und Verwirrungen der „Guten Beratung". Wir stellen sicher, dass die Investition in uns genau das ist – eine Investition, die sich in den Ergebnissen zeigt, die Sie erreichen. Und das Beste? Sie wissen von Anfang an, worauf Sie sich einlassen, ohne eine Lupe für die Rechnung zu benötigen. Es ist einfach, verständlich und fair – was uns natürlich zur **schlechtesten Beratung der Welt** macht, weil wir Sie nicht über den Tisch ziehen.

Was erwartet Sie in den nächsten Kapiteln?

- **Kapitel 4** erklärt Ihnen die Kunst der „Guten Beratung", Preise so geschickt zu gestalten, dass Sie niemals wirklich wissen, wie viel Sie am Ende bezahlen.
- In **Kapitel 5** erfahren Sie, warum die perfekte Beratung nur in Konzepten existiert, die nie umgesetzt werden – und warum „Die schlechteste Beratung der Welt" den Fehler macht, direkt mit der Problemlösung zu beginnen.

Teil 2:
Das Geld
spielt eine Rolle

- Und in **Kapitel 6** zeigen wir Ihnen, warum **Kompetenzaufbau** in Ihrem Unternehmen das Letzte ist, was „Gute Berater:innen" wollen – und wie „Die schlechteste Beratung der Welt" Sie unfassbarerweise dazu bringt, selbst alles zu können.

GUTE BERATUNG, SCHLECHTE ERGEBNISSE

Teil 2:
Das Geld
spielt eine Rolle

Kapitel 4: Pricing: Wie Sie möglichst viel für wenig Leistung zahlen

Willkommen im wahren Meisterwerk der „**Guten Beratung**" – der **Preisgestaltung**. Hier trifft hohe Kunst auf Finanzakrobatik. Es geht nicht darum, **wie viel** Arbeit geleistet wird, sondern **wie teuer** sie aussehen kann. Denn warum für Leistung bezahlen, wenn man auch den Eindruck erwecken kann, als hätte man die Welt gerettet?

Beginnen wir mit der ersten Technik, die „**Gute Berater**" lieben: **Der Senior-Junior-Trick**. Sie denken, Sie haben eine*n* hochbezahlte*n* Senior-Berater*in* am Tisch? Tja, falsch gedacht. Während Ihnen der Senior bei der ersten Besprechung imponiert und die Rechnung prächtig aufbläht, erledigt im Hintergrund eine*r* der Junioren die eigentliche Arbeit. Und wenn Sie sich wundern, warum die Lösung eher nach „Einsteiger-Guide" klingt, wissen Sie jetzt warum. Bezahlt wird natürlich der Senior, weil die Rechnung sonst nicht beeindrucken würde. Und schließlich: **Je grauer die Haare, desto teurer die Erfahrung**, richtig?

Eine weitere brillante Methode der „Guten Beratung" ist das **modulare Preissystem**. Hier wird jede Kleinigkeit, die im Laufe eines Projekts anfällt, einzeln bepreist. Ein zusätzlicher Workshop? Das macht 5.000 Euro. Ein weiterer Beratungstermin? Noch mal 1.500 Euro. Ein kurzer Call für „strategische Beratung"? Das kostet Sie

GUTE BERATUNG, SCHLECHTE ERGEBNISSE

mindestens 280 Euro. Alles in Module zerlegt und einzeln abgerechnet. Klingt effizient? Nur, wenn Sie Berater*in sind. Das Ergebnis: Am Ende zahlen Sie mehr für Zusatzleistungen, als Sie ursprünglich für die ganze Beratung eingeplant hatten. Aber keine Sorge, diese Flexibilität bringt Ihnen **den echten Mehrwert** – zumindest laut den Beratern.

Nun zu uns, „**Die schlechteste Beratung der Welt**". Ja, Sie haben richtig gehört – wir machen alles anders. Bei uns gibt es keine versteckten Gebühren, keine modulare Abzocke, keine Überraschungsrechnungen. Was wir stattdessen anbieten? **Eine Flatrate.** Stellen Sie sich das vor: ein fester Preis, alles inklusive. Sie müssen sich keine Gedanken machen, ob ein zusätzlicher Termin, ein*e* Berater*in* mehr oder ein spontaner Workshop extra kostet. **Warum?** Weil wir an etwas so veraltetes wie **Vertrauen** glauben.

Unsere **Flatrate** ermöglicht uns sinnvolle Arbeit. Sie bekommen die Unterstützung, die Sie brauchen, wann immer Sie sie brauchen. Und weil alles bereits im Preis enthalten ist, müssen Sie sich keine Sorgen machen, dass wir am Ende des Monats mit einer riesigen Überraschungsrechnung vor der Tür stehen. Die Abrechnung? **Einfach, klar und transparent.** Sie wissen genau, was Sie zahlen und wofür.

Das Beste? Wenn viel Arbeit anfällt, sind wir zur Stelle. Keine versteckten Kosten, keine Diskussionen über Zusatzleistungen. Wenn viel gebraucht wird, leisten wir viel. Unsere Flatrate erlaubt es Ihnen, sich auf das Wesentliche zu konzentrieren: **die Ergebnisse.**

Teil 2:
Das Geld
spielt eine Rolle

Was erwartet Sie in Kapitel 5?

In **Kapitel 5** erfahren Sie, warum die perfekte Beratung bei „Guten Berater:innen" oft nur auf dem Papier existiert und nie wirklich umgesetzt wird. Im Gegensatz dazu wagen wir bei „**Die schlechteste Beratung der Welt**" den Fehler, sofort mit der Problemlösung zu beginnen – und warum das in der Beratungswelt fast als Tabubruch gilt.

GUTE BERATUNG, SCHLECHTE ERGEBNISSE

Teil 2:
Das Geld
spielt eine Rolle

Kapitel 5: Die perfekte Beratung: Ein Konzept, das nie funktioniert

Willkommen in der wunderbaren Welt der „**Guten Beratung**", wo es nicht darum geht, Probleme zu lösen, sondern perfekte Konzepte zu entwickeln, die niemals Realität werden. **Die Beraterin** präsentiert Ihnen stolz ein Soll-Konzept, das aussieht wie das goldene Ticket zur Zukunft. Nur leider endet die Reise oft, bevor sie überhaupt begonnen hat – irgendwo zwischen der vierten und fünften Iterationsrunde einer PowerPoint-Präsentation, während Sie sich immer ungeduldiger fragen, wann die eigentliche Lösung erfolgt.

„**Gute Beratung**" setzt dabei auf ein bewährtes Prinzip: **Das Soll-Konzept.** Hier wird Ihnen gezeigt, wie Ihr Unternehmen idealerweise aussehen könnte. Theoretisch. Und das Beste daran? Es bleibt meist bei der Theorie. **Die Berater:innen** präsentieren ein hochkomplexes Gebilde aus Prozessen, Methoden und Checklisten, die so undurchschaubar sind, dass Sie sicher sein können, nie ganz zu verstehen, wie es funktioniert – was perfekt ist! Denn so müssen Sie die Berater:innen immer wieder einladen, um sicherzustellen, dass Sie auf dem richtigen Weg bleiben. Willkommen im unendlichen Beratungskreislauf! Sollte von „praxiserprobten Konzepten" die Rede sein, dann fragen sie gern mal nach: für das Unternehmen oder den Berater*in?

Eine der beliebtesten Techniken, die die „Gute Beratung" anwendet, um mehr Geld zu generieren, als wirklich gearbeitet wurde, ist die **Fokusverschiebung**. Anstatt sich auf das eigentliche Problem zu konzentrieren, wird der Fokus ständig auf Nebenschauplätze gelenkt. Haben Sie ein Produktionsproblem? Kein Problem! Lassen Sie uns erst einmal ein strategisches Führungsentwicklungsprogramm aufsetzen. Ihre Teams arbeiten nicht gut zusammen? Stattdessen sollten Sie lieber in eine mehrjährige Change-Management-Offensive investieren. Das Problem wird elegant umgangen, während der Kunde zahlt – und zahlt – und zahlt. Denn wer würde schon einem Berater widersprechen, wenn er sagt, dass **Transformation Zeit braucht**?

Die zweite geniale Technik ist das **Stufenkonzept**. Hierbei wird das Problem in so viele kleine Schritte aufgeteilt, dass es nie ganz gelöst werden muss. Stattdessen durchlaufen Sie Phase 1, dann Phase 2 – und bevor Sie es merken, sitzen Sie schon in Phase 27, ohne dass sich jemals wirklich etwas verändert hat. Aber keine Sorge, das Geld fließt immer weiter, und Berater:innen sind stets zur Stelle, um Sie an den nächsten Meilenstein zu erinnern. Das soll Ihnen zeigen, wie **kontinuierliche Verbesserung** wirklich aussieht – nur eben ohne tatsächliche Verbesserung.

Nun kommen wir zu uns, „**Die schlechteste Beratung der Welt**". Wir machen den gravierenden Fehler, **sofort mit der Problemlösung zu beginnen**. Keine aufwändigen Soll-Konzepte, kein endloses Phasenmodell. Stattdessen fragen wir direkt: „Was ist das Problem?"

Teil 2:
Das Geld
spielt eine Rolle

Und dann setzen wir uns daran, es zu lösen. Das klingt so erschreckend einfach, dass es in der Welt der Beratung fast als Blasphemie gilt. Denn wo bleibt die Strategie? Wo die langwierige Planung? Wo der hochbezahlte Senior-Berater, der Ihnen die nächsten fünf Jahre an der Seite stehen wird? Nein, wir kommen, lösen das Problem – und das war's.

Klingt das langweilig? Für die Beratungsbranche: absolut. Für Sie? Nun, Sie sparen Zeit, Geld und Nerven. Und das Beste: **Sie verstehen, was wir tun.** Es gibt keine versteckten Agenden, keine ständigen Vertriebsrunden, in denen wir versuchen, Ihnen noch mehr Leistungen zu verkaufen. Wir arbeiten zielgerichtet und verlassen den Ort, sobald das Problem gelöst ist.

Was erwartet Sie in Kapitel 6?

In **Kapitel 6** erfahren Sie, warum der Aufbau von **Kompetenz** in Ihrem Unternehmen das Letzte ist, was „Gute Berater:innen" wollen. Und wie „Die schlechteste Beratung der Welt" Ihnen beibringt, selbst alles zu können – was uns natürlich überflüssig macht.

GUTE BERATUNG, SCHLECHTE ERGEBNISSE

Teil 2:
Das Geld
spielt eine Rolle

Kapitel 6: Warum Sie keine Kompetenzen aufbauen sollten – Lassen Sie das Ihre Berater machen!

Stellen Sie sich vor: Ihr Unternehmen steckt in einer Krise, und Sie holen eine Beraterin ins Haus. Sie kommt, charmant und voller Energie, und sagt: „Kein Problem, wir lösen das für Sie!" Perfekt, oder? **Die „Gute Beratung"** hat diese Dynamik perfektioniert – denn nichts ist gefährlicher für das eigene Geschäftsmodell als ein Kunde, der zu viel weiß. Warum sollten Sie also die Fähigkeit aufbauen, Ihre Probleme selbst zu lösen, wenn **die Berater:innen das schon für Sie machen können**? Diese Strategie hat Methode.

Die erste Technik, die „**Gute Berater:innen**" anwenden, um den Kompetenzaufbau zu vermeiden, ist die **Verkomplizierung**. Es beginnt harmlos, mit einem einfachen Problem, das Sie eigentlich gut verstehen. Aber dann geht es los: Die Berater:innen holen ihre besten Methoden und Modelle hervor – plötzlich sprechen Sie über „agile Frameworks", „Design Thinking Loops" und „systemische Unternehmensarchitektur". Klingt beeindruckend, oder? Aber was dabei passiert, ist klar: Sie werden von der Lösung so weit entfernt, dass Sie sie allein nie erreichen könnten. Also bleibt der Berater – und Sie bleiben **abhängig**.

Die zweite Technik: **Schulungen, die nichts bewirken**. Natürlich wird Ihnen die „Gute Beratung" nicht vorenthalten, wie wichtig es ist, dass Ihre Mitarbeitenden geschult werden. Nur: Diese

Schulungen sind so gestaltet, dass alle zwar beeindruckt sind, aber am Ende versteht niemand wirklich, wie das Gelernte anzuwenden ist. Man verlässt die Schulung mit einem Kopf voller Buzzwords, aber die Kompetenz bleibt fest in den Händen der Berater:innen. Das Ziel ist erreicht: Sie brauchen weiterhin deren Expertise, denn **wer einmal weiß, wie man es selbst macht, bestellt keine Berater mehr.**

Bei **„Die schlechteste Beratung der Welt"** ist das anders. Unser Ansatz ist radikal – wir bringen Ihnen bei, wie Sie das Problem selbst lösen. Ja, Sie haben richtig gehört. Unser Ziel ist es, **Sie befähigt und unabhängig zu machen.** Wir sind überzeugt, dass ein Unternehmen dann erfolgreich ist, wenn es die eigenen Herausforderungen meistern kann. Das klingt furchtbar für die „Gute Beratung", aber wir setzen tatsächlich darauf, **Wissen zu vermitteln,** statt es zurückzuhalten.

Ein Beispiel: Stellen Sie sich vor, sie arbeiten daran, wie sie die Aufgaben und Prozesse umstrukturieren, weil immer weniger qualifizierte Fach- und Führungskräfte vorhanden sind. Wir arbeiten mit Ihnen daran, **gemeinsame Entscheidungsprozesse** in Ihrem Unternehmen zu verankern. Statt Entscheidungen von oben nach unten durchzureichen, lernen Sie und Ihr Team, **Verantwortung zu übernehmen** und **Entscheidungen kollektiv zu treffen.** Das stärkt nicht nur Ihr Unternehmen und Ihre Kompetenzen, sondern schafft auch eine nachhaltige Struktur, die auf Vertrauen und Selbstorganisation

Teil 2:
Das Geld
spielt eine Rolle

basiert. Klingt riskant? Vielleicht. Aber es ist der einzige Weg, wirklich unabhängig zu werden.

Darüber hinaus setzen wir auf etwas, das wir **Denkwerkzeuge** nennen. Diese Werkzeuge helfen Ihnen, die täglichen Herausforderungen im Unternehmen systematisch zu durchdenken und anzugehen. Es geht darum, **komplexe Entscheidungen verständlich zu machen** und Lösungen zu entwickeln, die von Ihrem gesamten Team getragen werden. Diese Denkwerkzeuge helfen Ihnen dabei, nicht nur auf externe Berater:innen zu warten, sondern die Dinge selbst in die Hand zu nehmen. Und das Beste daran? Sie lernen, wie Sie diese Werkzeuge langfristig einsetzen, um Ihre Organisation eigenständig weiterzuentwickeln. Damit sind Sie nicht nur auf ein aktuelles Problem vorbereitet, sondern auch auf alle zukünftigen Herausforderungen.

Was erwartet Sie in Teil 3?

In **Teil 3** sprechen wir über die **Kunst der Veränderung**. Während „Gute Berater:innen" Sie glauben lassen, dass alles neu ist, ohne wirklich etwas zu verändern, ermöglichen wir bei „**Die schlechteste Beratung der Welt**" echte, nachhaltige Veränderungen – auch wenn das bedeutet, dass Sie dann über Jahre oder Jahrzehnte ohne weitere Beratung von uns auskommen.

GUTE BERATUNG, SCHLECHTE ERGEBNISSE

Teil 3:
Veränderungen und Innovation

Die Illusion des Fortschritts

GUTE BERATUNG, SCHLECHTE ERGEBNISSE

Nachdem wir in **Teil 2** den aufregenden Dschungel der **Preiskalkulationen** und der **perfekten, aber nie umgesetzten Beratungen** durchforstet haben, sind Sie nun bestens darauf vorbereitet, die Meisterwerke der „**Guten Beratung**" zu erkennen. Sie erinnern sich: Erst wurden Sie mit scheinbar unverzichtbaren Senior-Berater:innen geködert, die Arbeit hat dann der Junior gemacht, und am Ende gab es mehr Rechnungen als Ergebnisse. Aber keine Sorge, alles wurde schön verpackt in unendlich lange Präsentationen, die Ihnen das Gefühl gaben, dass die Beratung jede Sekunde wert war. Es war ein grandioses Spektakel, ein schillerndes Schauspiel, bei dem Sie das Gefühl hatten, Teil einer großen Transformation zu sein – während Ihr Unternehmen eigentlich nur in glänzender Stagnation verharrte.

Und dann kamen wir – „**Die schlechteste Beratung der Welt**" – und haben den ganzen Spaß verdorben. Keine schönen Präsentationen, keine endlosen Beratungszyklen, sondern klare **Wertorientierung, transparente Preise** und der fatale Fehler, Ihre Mitarbeitenden dazu zu bringen, eigenständig zu denken. Ja, wir haben es gewagt, Ihre Teams in die Lage zu versetzen, Probleme selbst zu lösen und uns damit langfristig überflüssig zu machen. Verrückt, oder?

Aber jetzt, in **Teil 3**, kommen wir zum eigentlichen Highlight: der **Veränderung**. Während „**Gute Berater:innen**" Sie geschickt in einem Kreislauf aus oberflächlichen Neuerungen und glitzernden Modeworten gefangen halten, gehen wir den Weg der **echten Veränderung**. Aber Achtung, das bedeutet, dass Sie uns danach vielleicht

Teil 3:
Veränderungen und
Innovation

nie wieder brauchen werden. Ein Desaster für jede „Gute Beratung", aber unser persönliches Erfolgsrezept.

Herzlich willkommen zu **Veränderungen und Innovation** – oder besser gesagt, zur Kunst, Dinge neu zu verpacken, damit sie so aussehen, als ob alles anders wäre, obwohl sich eigentlich nichts ändert. **Die „Gute Beratung"** hat dieses Spiel auf Meisterschaftsniveau perfektioniert. Es gibt nichts, was mehr Eindruck macht, als der Anschein von radikalem Wandel – obwohl sich im Kern nichts bewegt. Und das Beste daran? Sie zahlen für das Gefühl, Teil eines revolutionären Prozesses zu sein, während Sie in Wirklichkeit nur die alten Strukturen mit neuen Buzzwords dekorieren.

Das Herzstück der **„Guten Beratung"** ist die **Illusion des Fortschritts**. Man nehme ein bestehendes System, füge eine Prise „agile Transformation", einen Hauch von „digitaler Disruption" und eine ordentliche Dosis „Innovation Lab" hinzu – et voilà! Schon haben Sie das Gefühl, dass Ihr Unternehmen sich mitten im Wandel befindet, obwohl der Kaffeeautomat immer noch am selben Fleck steht und die Führungsebene seit den 90ern den gleichen Teppich durchläuft.

Wie funktioniert diese Magie? **Berater** kommen mit **Change-Modellen**, die so beeindruckend klingen, dass niemand es wagt, Fragen zu stellen. Sie zeigen Ihnen komplexe Diagramme mit Pfeilen in alle Richtungen, die am Ende irgendwie wieder dort ankommen, wo Sie angefangen haben. Das ist die wahre Kunst des **Change Managements**: Sie fühlen sich beschäftigt und herausgefordert, aber Sie stehen weiterhin auf der Stelle. Ein echter Fortschritt – zumindest auf der Rechnung der Berater:innen.

Und dann kommen wir, „**Die schlechteste Beratung der Welt**", mit unserem unverschämten Vorschlag: **echte Veränderung**. Ja, wir machen den großen Fehler, nicht nur darüber zu reden, sondern tatsächlich etwas zu verändern. Während Sie bei der „Guten Beratung" davon träumen, dass irgendwann mal etwas besser wird, krempeln wir die Ärmel hoch und schaffen Strukturen, die Sie langfristig weiterbringen – ohne, dass wir danach noch gebraucht werden. Klingt furchtbar, oder? Denn wenn Sie das nachher selbst können, **wer ruft uns dann an?**

Was erwartet Sie in den nächsten Kapiteln?

- In **Kapitel 7** zeigen wir Ihnen, warum es für die „Gute Beratung" ein echter Schock ist, wenn der Berater die Firma verlässt und Sie plötzlich auf eigenen Beinen stehen könnten.
- **Kapitel 8** dreht sich um das Thema **Change Management**: Warum sich in Wahrheit nichts verändert, wenn die „Gute Beratung" am Werk ist – und wie „Die schlechteste Beratung der Welt" Sie durch echte Veränderung in die Unabhängigkeit entlässt.

Teil 3:
Veränderungen und
Innovation

- In **Kapitel 9** erfahren Sie, warum echte **Innovationsprozesse** in der „Guten Beratung" nie funktionieren, und wie wir Ihnen zeigen, Innovation zu leben, ohne auf Berater-Krücken angewiesen zu sein.

GUTE BERATUNG, SCHLECHTE ERGEBNISSE

Teil 3:
Veränderungen und
Innovation

Kapitel 7: Wenn der Berater die Firma verlässt – Ein echter Schock für „Gute Berater"

Stellen Sie sich das mal vor: **Der Berater geht.** Einfach so. Nach monatelangen Meetings, Workshops und Beratungsterminen packt er seine PowerPoint-Folien ein, löscht seine Excel-Tabellen und verschwindet. Ein Albtraum für jede „**Gute Beratung**"! Denn was passiert, wenn der Kunde plötzlich auf eigenen Beinen stehen muss? **Panik**, das ist es. Die „Gute Beratung" weiß: Ein guter Kunde ist nur so lange ein guter Kunde, wie er von uns abhängig ist. **Unabhängigkeit**? Das ist das Letzte, was wir wollen!

Gute Berater:innen verlassen niemals wirklich die Bühne. Nein, sie gleiten elegant von einem Projekt ins nächste. Heute ist es das Change-Management, morgen die digitale Transformation, übermorgen das Führungscoaching – das Leben eines Beraters ist ein einziges nie endendes Band aus Rechnungen und Folien. Und das Schöne daran: Der Kunde merkt es oft nicht einmal! Immer wieder wird eine neue Baustelle entdeckt, immer gibt es etwas zu optimieren. Für gute Berater:innen gilt: „Die einzige Konstante im Leben ist Veränderung und dafür braucht es mich." Denn **perfekte Beratung** ist die, die Sie immer wieder brauchen, weil **der Zustand der Unvollendung** so herrlich profitabel ist. Der Satz „Wir sind dann mal weg" wird in der „Guten Beratung" nicht einmal gedacht.

GUTE BERATUNG, SCHLECHTE ERGEBNISSE

Aber stellen Sie sich nun das schreckliche Szenario vor, dass wir – **„Die schlechteste Beratung der Welt"** – tatsächlich nach getaner Arbeit gehen. **Ja, wir gehen.** Das ist kein Versprechen, das ist eine Drohung. Denn unser Ziel ist es, **Sie unabhängig zu machen.** Wir arbeiten nicht daran, Sie an uns zu binden. Im Gegenteil, wir stellen sicher, dass Sie die Werkzeuge, das Wissen und die Kompetenz haben, um uns nicht mehr zu brauchen. Wir machen uns überflüssig, und das ist im Beratungsuniversum der größte Fehler, den man machen kann.

Ein Beispiel? Gerne. Während die „Gute Beratung" eine endlose Reihe von Schulungen und Coachings anbietet, damit Sie sich langsam und immer noch mit ihrer Hilfe weiterentwickeln, kommen wir mit unseren **Denkwerkzeugen**: Klar im Ergebnis, anwendungsorientiert und so gestaltet, dass Sie sie in Ihrem Alltag für Ihre Firma passend einsetzen können. Kein Drama, keine Folien, keine monatlichen Nachschulungen. **Einmal mit uns durchlebt, und Sie wissen, was zu tun ist.**

Natürlich ist das für die Beratungsbranche ein Graus. **Wer wird dann die nächste Rechnung schreiben?** Was passiert, wenn Sie plötzlich Ihre eigenen Entscheidungen treffen können? Das ist eine Revolution! **Selbststeuerung** ist das schmutzigste Wort, das Sie in den Kreisen der „Guten Beratung" in den Mund nehmen können. Bei uns hingegen ist es der Schlüssel zum Erfolg. Wir zeigen Ihnen, wie Sie Ihr Unternehmen so strukturieren, dass Sie Probleme nicht

Teil 3:
Veränderungen und
Innovation

mehr von externen Beratern lösen lassen müssen – sondern von Ihrem eigenen Team. Und das ist für uns nicht nur okay, sondern der Punkt, an dem wir sagen: „Mission erfüllt."

Was erwartet Sie in Kapitel 8?

In **Kapitel 8** tauchen wir tiefer in das Thema **Change Management** ein: Warum in der Welt der „Guten Beratung" Veränderungen oft nur kosmetisch sind und wie wir bei **„Die schlechteste Beratung der Welt"** den Mut haben, echte, nachhaltige Veränderungen zu ermöglichen – auch wenn das bedeutet, dass Sie uns danach nie wieder anrufen müssen.

GUTE BERATUNG, SCHLECHTE ERGEBNISSE

Teil 3:
Veränderungen und
Innovation

Kapitel 8: Change Management – Wie Lärchen und Bäume Ihnen alles über Beratung sagen können

Willkommen in der Welt des **Change Managements**, wo Veränderung nicht wirklich Veränderung ist, sondern eher eine Art dekorative Oberfläche – wie ein neuer Anstrich auf einem Haus, das innen immer noch dieselben wackligen Wände hat. **Die „Gute Beratung"** weiß genau, dass echte Veränderung riskant ist. Man könnte ja versehentlich Strukturen so verbessern, dass man als Berater*in nicht mehr gebraucht wird!

Also, wie gehen wir vor? **Oberflächliche Veränderung** ist die einzige Veränderung, die wirklich zählt. Stellen Sie sich das mal vor: Ein Baum und eine Lärche. Der Baum steht für Ihr Unternehmen – tief verwurzelt, aber träge. Die Lärche? Das ist die „Gute Beratung". Elegant segelt sie über dem Baum, pickt ein wenig an den Blättern herum, zwitschert ein paar schöne Buzzwords wie „Transformation" und „Disruption", aber lässt den Stamm des Unternehmens völlig unberührt. Der Baum bleibt stabil, nichts Wesentliches verändert sich, aber hey – es gibt ein paar neue Blätter, und die sehen modern und innovativ aus! **Das ist das Geheimnis des erfolgreichen Change Managements in der „Guten Beratung":** Sie glauben, alles sei neu, aber in Wirklichkeit bewegt sich nichts. Und das Beste daran? Sie fühlen sich, als hätten Sie in revolutionäre Veränderungen investiert, obwohl alles beim Alten bleibt.

Das Erfolgsgeheimnis der „Guten Beratung": **Kosmetische Veränderung.** Es ist wie bei einem Baum, der regelmäßig mit Glitzer besprüht wird. Sie wissen, es sieht gut aus, aber im Grunde genommen ist es immer noch derselbe alte Baum. Das Unternehmen bleibt in seinen alten Strukturen gefangen, aber die Veränderung *fühlt* sich echt an. Perfekt für uns Berater, denn wer will schon echte Veränderungen, die unangenehm werden könnten? Schließlich könnte das bedeuten, dass wir nicht mehr gebraucht werden!

Und dann kommen wir, „**Die schlechteste Beratung der Welt**", und machen alles falsch. **Echte Veränderung?** Ja, Sie haben richtig gehört. Wir haben die Dreistigkeit, nicht nur die Oberfläche zu polieren, sondern tief in die Strukturen einzutauchen. Unser fataler Fehler? **Wir beziehen die Mitarbeitenden ein.** Schockierend, nicht wahr? Anstatt alles von oben nach unten zu diktieren, sorgen wir dafür, dass alle Menschen, die das Unternehmen wirklich am Laufen halten, aktiv an den Veränderungen beteiligt sind. Eine Katastrophe für die „Gute Beratung", denn das bedeutet, dass Veränderung **nachhaltig** wird – und Sie uns nicht mehr brauchen.

Nehmen wir das Konzept des Denkwerkzeug des **Entscheidungs-Design**, das wir einsetzen, um die Entscheidungsprozesse in Unternehmen ganz neu zu denken. Statt Entscheidungen über den Köpfen der Mitarbeitenden hinweg zu fällen, lernen Unternehmen bei uns, wie sie **kollektive, selbstgesteuerte Prozesse** aufbauen. Sie sparen sich damit die ganzen Überzeugungslitaneien, Kontrollen und Strafen. Sie

Teil 3:
Veränderungen und
Innovation

erkennen: Veränderung funktioniert nur, wenn **alle an Bord sind** und die Richtung mitbestimmen. Natürlich führt das dazu, dass die Mitarbeitenden Verantwortung übernehmen – und das ist für die „Gute Beratung" ein Desaster. Denn wer braucht schon Berater, wenn die eigenen Teams lernen, Veränderungen selbst zu gestalten?

Unser Ziel bei „**Die schlechteste Beratung der Welt**" ist es, Unternehmen so aufzustellen, dass sie nicht nur kosmetische Veränderungen durchlaufen, sondern echte, tiefgreifende Transformationen, die von den Mitarbeitenden getragen werden. Kein oberflächliches Lärchenliedlein, sondern echte Wurzeln schlagen und das Unternehmen von innen heraus stabilisieren. Das klingt beängstigend für die „Gute Beratung", denn echte Veränderung bedeutet Unabhängigkeit – und Unabhängigkeit bedeutet, dass Sie uns nicht mehr brauchen.

Was erwartet Sie in Kapitel 9?

In **Kapitel 9** geht es um das Thema **Innovationsprozesse**. Während die „Gute Beratung" Sie in einem endlosen Innovationszyklus festhält, zeigen wir Ihnen bei „**Die schlechteste Beratung der Welt**", wie Sie echte Innovation in Ihrem Unternehmen leben – und das ohne Berater-Krücken.

GUTE BERATUNG, SCHLECHTE ERGEBNISSE

Teil 3:
Veränderungen und
Innovation

Kapitel 9: Innovationsprozesse – Lassen Sie das lieber die Profis machen

Ah, **Innovation** – das Zauberwort, das in jeder Strategiepräsentation leuchtet, das die Herzen der Vorstände höherschlagen lässt und die PowerPoint-Folien in frischen Farben erstrahlen lässt. Und natürlich wissen „**Gute Berater:innen**" ganz genau, dass Innovation nur dann so richtig funktioniert, wenn sie von außen kommt. Warum? Weil Sie doch keine Zeit haben, sich um Ihre eigenen Innovationsprozesse zu kümmern! Dafür gibt es schließlich Profis – uns Berater! Schließlich wird der frisch gebackene Kuchen doch auch immer am besten von jemand anderem gegessen, oder?

Die erste Regel der „**Guten Beratung**" lautet daher: **Echte Innovation ist viel zu komplex für Ihre Mitarbeitenden.** Der Gedanke, dass Ihre Teams von allein innovativ sein könnten? Lächerlich! **Berater** kommen mit glänzenden Konzepten und buzzwordgespickten Innovationsmodellen, die sicherstellen, dass Sie sich hoffnungslos überfordert fühlen. Denn seien wir ehrlich: Nichts fühlt sich so gut an wie das Wissen, dass man jemanden bezahlen kann, um für einen selbst zu denken! „**Disruptive Geschäftsmodelle**", „**agile Innovationszyklen**", „**Design Thinking Labs**" – diese Begriffe fliegen durch den Raum, und bevor Sie es merken, haben Sie bereits den nächsten Innovationszyklus gebucht. Und warum? Weil Innovation ein **endloses Spiel** ist, bei dem Sie ohne die Berater:innen nie das Ziel erreichen werden. Denn wer will schon das Ziel erreichen, wenn der Weg dorthin so profitabel für uns ist?

Die zweite Regel: **Innovation kommt immer von außen.** Ihre eigenen Mitarbeitenden? Zu festgefahren in ihrer Routine, zu nah am Tagesgeschäft. Nur Berater*innen* haben die nötige Distanz, um Ihre Branche zu „disrupten". Ihre Mitarbeitenden können da nicht mithalten. Sie sind schließlich keine Profis im „**Innovationsmanagement**"! Nein, die wahren Profis sind wir – **die Berater*innen*** – mit unseren Modellen, Diagrammen und dem immer wiederkehrenden Versprechen: „Das nächste große Ding steht kurz bevor!" Und wenn es nicht klappt, na ja, dann lag es sicher daran, dass Sie uns zu früh gehen lassen haben.

Und hier kommen wir ins Spiel, „**Die schlechteste Beratung der Welt**" – und machen den schwerwiegendsten Fehler überhaupt: **Wir lassen Ihre Mitarbeitenden mitdenken.** Ja, Sie haben richtig gehört. Wir setzen darauf, dass diejenigen, die das Unternehmen am besten kennen – **Ihre eigenen Leute** – tatsächlich in der Lage sind, innovative Ideen zu entwickeln. Es klingt schrecklich naiv, nicht wahr? Schließlich könnten sie dadurch lernen, wie man echte Innovation lebt, und dann… na ja, dann bräuchten Sie uns nicht mehr.

Mit Ansätzen wie der Ideen-Schmiede oder der Horizont-3-Arbeit, die wir in Unternehmen einsetzen, sind darauf ausgerichtet, Ihre Mitarbeitenden zu befähigen, **selbst kreativ und innovativ zu denken**. Statt Ihnen ständig neue Berater-Konzepte zu verkaufen,

Teil 3:
Veränderungen und
Innovation

entwickeln wir gemeinsam mit Ihnen **selbstgesteuerte Innovationsprozesse**. Das bedeutet, dass die Innovation nicht nur von oben kommt, sondern tief in Ihrem Unternehmen verwurzelt ist – getragen von denen, die täglich an den tatsächlichen Herausforderungen arbeiten. Und das ist für die „Gute Beratung" eine Katastrophe. Denn wer will schon Innovation, die **tatsächlich funktioniert?**

Wenn Ihre Mitarbeitenden **Verantwortung übernehmen** und selbst Lösungen finden, bedeutet das für uns, dass wir uns verabschieden können. Kein weiteres Innovationsprojekt, kein ständiges Nachjustieren und vor allem: **kein endloser Innovationszyklus, in dem Sie immer wieder dasselbe Konzept in neuen Verpackungen kaufen müssen**. Wir zeigen Ihnen, wie Sie Ihre eigene Innovationskraft entfesseln – und dann überlassen wir Ihnen das Feld.

Was erwartet Sie im Anhang?

Im **Anhang** verlassen wir die Welt der Satire, und Sie finden praktische **Checklisten und Prüfformulare**, mit denen Sie die „Gute Beratung" von der „Schlechtesten Beratung der Welt" unterscheiden können. Und nicht nur das: Sie werden auch lernen, wie Sie in Ihrer aktuellen Beratung Klarheit über Abhängigkeiten und echte Ergebnisse gewinnen.

Wenn Ihnen unser Buch gefällt hat, würden wir uns sehr freuen, wenn Sie sich einen Moment Zeit nehmen, um es zu bewerten.

Ihr Feedback hilft nicht nur uns, sondern auch anderen Leserinnen und Lesern, die auf der Suche nach der richtigen Beratung sind. Vielen Dank für Ihre Unterstützung und Ihre Zeit!

Anhang:
Praktische Werkzeuge für Ihre Beratungswahl

In diesem Anhang verlassen wir die satirische Perspektive, um Ihnen konkrete und nützliche Werkzeuge für Ihre Beratungswahl an die Hand zu geben. Satire mag eine gute Methode sein, um Missstände aufzuzeigen, doch wenn es darum geht, die passende Beratung für Ihr Unternehmen zu wählen, brauchen Sie Klarheit und handfeste Kriterien.

Beratung ist eine Investition, und wie jede Investition sollte sie auf Ihren langfristigen Erfolg ausgerichtet sein. Aus diesem Grund bieten wir Ihnen hier **Checklisten** und **Prüfformulare**, mit denen Sie die richtigen Fragen stellen und die wesentlichen Kriterien identifizieren können. Unser Ziel ist es, dass Sie sowohl die "Gute Beratung" als auch uns – „**Die schlechteste Beratung der Welt**" – besser verstehen, damit Sie die Beratung wählen, die zu Ihren Werten und Zielen passt.

Wir setzen auf Transparenz und möchten sicherstellen, dass Sie von Anfang an wissen, worauf Sie sich einlassen. Diese praktischen Werkzeuge helfen Ihnen dabei, die **Abhängigkeiten** in der Beratung zu erkennen und die Qualität der Leistungen zu beurteilen.

Was erwartet Sie in den nächsten Kapiteln?

- **Kapitel 13** bietet Ihnen eine detaillierte Checkliste, mit der Sie im Erstgespräch die „Gute Beratung" von der „Schlechtesten Beratung der Welt" unterscheiden können.

Anhang:
Praktische Werkzeuge für
Ihre Beratungswahl

- **Kapitel 14** enthält ein Prüfformular, mit dem Sie die Leistungen Ihrer aktuellen Beratung hinsichtlich Wertschöpfung und langfristiger Unabhängigkeit bewerten können.

Weitere Materialien und Informationen, die Sie bei Ihrer Entscheidungsfindung unterstützen, finden Sie auf unserer Webseite unter:

https://dieschlechtesteberatungderwelt.de/materialien.

Hier können Sie alle Dokumente herunterladen und sich ausführlich informieren.

Checklisten und Prüfformulare

Checklisten für die Zusammenarbeit nach Phasen aufgeteilt:

Checkliste 1: Anbahnung / Begrüßung

1. **Gute Beratung**: Kommt mit einem strahlenden Lächeln, einer perfekt einstudierten Begrüßung und einer Mappe voller Präsentationen.
   - **Schlechteste Beratung der Welt**: Stellt direkte, offene Fragen zu Ihrem Problem, ohne das übliche Berater-Brimborium.
2. **Gute Beratung**: Die ersten Worte enthalten mindestens zwei schicke Buzzwords wie „Synergien" oder „Digitaler Wandel".
   - **Schlechteste Beratung der Welt**: Redet ohne Fachjargon, spricht Klartext und kommt ohne Floskeln aus.
3. **Gute Beratung**: Der Fokus liegt sofort auf der eigenen Expertise und den Referenzen, die beeindrucken sollen.
   - **Schlechteste Beratung der Welt**: Der Fokus liegt auf Ihnen und Ihrem Problem, nicht auf der eigenen Selbstvermarktung.

Anhang:
Praktische Werkzeuge für
Ihre Beratungswahl

Checkliste 2: Pitch des Angebots

1. **Gute Beratung**: Präsentiert ein umfangreiches, hochkomplexes Konzept, das ohne sie schwer umzusetzen scheint.
   - **Schlechteste Beratung der Welt**: Bietet einen klaren, einfachen Lösungsansatz, der direkt auf Ihre Bedürfnisse zugeschnitten ist.
2. **Gute Beratung**: Der Pitch ist gespickt mit bunten Bildern, Modellen und Innovationstermini, die schwer zu durchdringen sind.
   - **Schlechteste Beratung der Welt**: Erklärt Lösungen einfach und verständlich, ohne visuelle Ablenkungen und Wortakrobatik.
3. **Gute Beratung**: Verspricht Lösungen, die Monate oder Jahre dauern, um vollständig wirksam zu werden.
   - **Schlechteste Beratung der Welt**: Verspricht greifbare, verständliche Ergebnisse, die sofort starten und denkt langfristig in Bezug auf Ihre Selbstständigkeit.

Checkliste 3: Pricing

1. **Gute Beratung**: Das Preisangebot ist undurchsichtig, mit variablen Kosten je nach Beratungsphase und Seniorität der Berater:innen.

- ○ **Schlechteste Beratung der Welt**: Legt ein transparentes Preismodell vor, das von Anfang an klar ist und auf dem Wert basiert, den die Beratung schafft.
2. **Gute Beratung**: Zusatzkosten für Workshops, Calls und Dokumentationen werden oft später erwähnt.
   - ○ **Schlechteste Beratung der Welt**: Alle Leistungen sind im Preis inbegriffen – keine Überraschungen.
3. **Gute Beratung**: Kalkuliert häufig mit teuren Tagessätzen von Seniors, wobei die eigentliche Arbeit oft von Juniors erledigt wird.
   - ○ **Schlechteste Beratung der Welt**: Der Preis richtet sich nach dem **Wert**, den die Beratung für Sie schafft – nicht nach der Anzahl der „Manntage".

Checkliste 4: Leistungsversprechen

1. **Gute Beratung**: Verspricht „Transformationsreisen", die mehrere Jahre dauern und eine hohe Begleitung erfordern.
   - ○ **Schlechteste Beratung der Welt**: Verspricht konkrete, umsetzbare Ergebnisse und bleibt nur solange, wie Sie einen erkennbaren Mehrwert stiften.
2. **Gute Beratung**: Die Details der Umsetzung bleiben vage, da die „große Vision" betont wird.

Anhang:
Praktische Werkzeuge für
Ihre Beratungswahl

- o **Schlechteste Beratung der Welt**: Die Schritte zur Problemlösung sind klar und realistisch, kein Hokuspokus.

3. **Gute Beratung**: Innovativ klingende Schlagwörter werden hervorgehoben, ohne dass der tatsächliche Nutzen greifbar wird.
   - o **Schlechteste Beratung der Welt**: Klare Aussagen darüber, was erreicht wird, ohne auf Buzzwords zurückzugreifen.

Checkliste 5: Zielsetzung

1. **Gute Beratung**: Ziele sind oft groß und komplex, die konkrete Umsetzung wird dann bspw. über vorgelagerte Trainingsprogramme in die Zukunft verschoben.
   - o **Schlechteste Beratung der Welt**: Setzt an Stelle von Zielen Ergebnisse. Die sind realistisch, messbar und ihre Erreichung ist klar definiert.
2. **Gute Beratung**: Viel Raum für Interpretation, was den Erfolg der Beratung betrifft.
   - o **Schlechteste Beratung der Welt**: Klare, gemeinsame Ergebnisvorgaben, die zusammen mit Ihnen entwickelt werden und die Sie sofort verstehen.

3. **Gute Beratung**: Die Zielerreichung ist oft so formuliert, dass Sie weitere Beratungen benötigen.
    - **Schlechteste Beratung der Welt**: Ergebnisse sind darauf ausgerichtet, dass Sie ohne langfristige Beraterabhängigkeit erfolgreich arbeiten können.

Checkliste 6: Kompetenzaufbau

1. **Gute Beratung**: Betont ihre eigene Kompetenz und deutet subtil an, dass Ihre Teams diese nicht selbst entwickeln können.
    - **Schlechteste Beratung der Welt**: Vermittelt Wissen, sodass Ihr Team eigenständig arbeiten und Probleme lösen kann.
2. **Gute Beratung**: Bietet langfristige Begleitung als „Lernhilfe", um sicherzustellen, dass die Veränderungen durchgehalten werden.
    - **Schlechteste Beratung der Welt**: Schafft Strukturen, bei denen Ihr Team die volle Verantwortung für den Erfolg übernimmt.
3. **Gute Beratung**: Verkompliziert Prozesse so, dass Sie immer jemanden von außen brauchen.
    - **Schlechteste Beratung der Welt**: Vereinfacht Prozesse, damit Sie selbstständig arbeiten können, ohne auf externe Hilfe angewiesen zu sein.

Anhang:
Praktische Werkzeuge für
Ihre Beratungswahl

Checkliste 7: Freiheit

1. **Gute Beratung**: Schafft Abhängigkeit durch komplexe Konzepte und lange Projektpläne.
   - **Schlechteste Beratung der Welt**: Schafft Unabhängigkeit, indem Sie und Ihre Teams befähigt werden, selbstständig zu handeln.
2. **Gute Beratung**: Stellt sich als unverzichtbar dar, da Sie sonst den „nächsten Schritt" nicht gehen könnten.
   - **Schlechteste Beratung der Welt**: Stellt sich überflüssig dar, weil Sie nach der Beratung die notwendigen Werkzeuge haben, um allein weiterzumachen.
3. **Gute Beratung**: Verlässt sich auf fortlaufende Verträge und Updates.
   - **Schlechteste Beratung der Welt**: Ist stolz darauf, dass Sie nach Abschluss des Projekts eigenständig sind und keine weiteren Beratungen benötigen.

Checkliste 8: Angebot

1. **Gute Beratung**: Das Angebot ist umfassend, aber die Kosten und Ergebnisse sind schwer vorhersehbar.

- ○ **Schlechteste Beratung der Welt:** Das Angebot ist klar, präzise und auf den Punkt – kein unnötiger Ballast.
2. **Gute Beratung:** Verspricht ein dynamisches, aber oft undurchsichtiges Paket, das laufend angepasst werden muss.
   - ○ **Schlechteste Beratung der Welt:** Bietet ein klares Paket, das auf Ihre Anforderungen zugeschnitten ist, ohne ständige Anpassungen.
3. **Gute Beratung:** Baut Zusatzangebote ein, die das Projekt verlängern, aber nicht unbedingt nötig sind.
   - ○ **Schlechteste Beratung der Welt:** Bietet nur das an, was wirklich gebraucht wird – nichts Überflüssiges.

Checkliste 9: Zusammenarbeit

1. **Gute Beratung:** Legt die Entscheidungsprozesse in die Hände der Berater:innen oder passt sich den bestehenden Entscheidungsprozessen an.
   - ○ **Schlechteste Beratung der Welt:** Setzt auf gemeinsame Entscheidungsprozesse mit Ihrem Team, die zu langfristiger Unabhängigkeit führen.
2. **Gute Beratung:** Hält regelmäßig Meetings ab, in denen Berater:innen die Richtung vorgeben. Oft auch durch 3 Lösungsansätze, von denen einer ohnehin der Favorit ist, sodass Sie meinen zu entscheiden.

Anhang:
Praktische Werkzeuge für
Ihre Beratungswahl

- o **Schlechteste Beratung der Welt**: Involviert Ihre Mitarbeitenden direkt in die Entscheidungen und reduziert unnötige Meetings.
3. **Gute Beratung**: Behält die Kontrolle über das Projekt, sodass Sie auf sie angewiesen bleiben.
   - o **Schlechteste Beratung der Welt**: Gibt die Kontrolle in Ihre Hände, sodass Sie selbst für den Erfolg verantwortlich sind.

Diese **9 unabhängigen Checklisten** helfen Ihnen dabei, die „**Gute Beratung**" von „**Die schlechteste Beratung der Welt**" auf den ersten Blick zu unterscheiden und die für Ihr Unternehmen passende Wahl zu treffen.

GUTE BERATUNG, SCHLECHTE ERGEBNISSE

Prüfformular: Beurteilen Sie Ihre aktuelle Beratung mit dieser Liste anhand der wichtigsten Kriterien:

Anleitung: Bewerten Sie jede Frage anhand einer Skala von 1 bis 5, wobei 1 "trifft überhaupt nicht zu" und 5 "trifft vollständig zu" bedeutet. Addieren Sie am Ende Ihre Punkte, um eine klare Einschätzung zu erhalten.

Thema	Punkte
1. Anbahnung / Begrüßung	
• War die Begrüßung professionell, aber nicht übertrieben? ☐ 1 ☐ 2 ☐ 3 ☐ 4 ☐ 5	
• Wurden Sie direkt zu Ihrem Problem befragt, ohne unnötige Floskeln? ☐ 1 ☐ 2 ☐ 3 ☐ 4 ☐ 5	
• Lag der Fokus der Berater:innen auf Ihrem Unternehmen, nicht auf sich selbst? ☐ 1 ☐ 2 ☐ 3 ☐ 4 ☐ 5	
Zwischensumme:	

Anhang:
Praktische Werkzeuge für
Ihre Beratungswahl

Thema	Punkte
Ergebnisübertrag:	
2. Pitch des Angebots	
• War der Lösungsansatz klar und auf Ihre Bedürfnisse zugeschnitten? ☐ 1 ☐ 2 ☐ 3 ☐ 4 ☐ 5	
• Wurde das Konzept verständlich, ohne unnötigen Jargon präsentiert? ☐ 1 ☐ 2 ☐ 3 ☐ 4 ☐ 5	
• Waren die vorgeschlagenen Lösungen greifbar und direkt umsetzbar? ☐ 1 ☐ 2 ☐ 3 ☐ 4 ☐ 5	
3. Pricing	
• Wurde das Preismodell von Anfang an klar und transparent präsentiert? ☐ 1 ☐ 2 ☐ 3 ☐ 4 ☐ 5	
Zwischensumme:	

Thema	Punkte
Ergebnisübertrag	
• Gibt es keine versteckten Kosten oder überraschende Zusatzgebühren? ☐ 1 ☐ 2 ☐ 3 ☐ 4 ☐ 5	
• Spiegelt der Preis den Wert wider, den die Beratung für Ihr Unternehmen schafft? ☐ 1 ☐ 2 ☐ 3 ☐ 4 ☐ 5	
4. Leistungsversprechen	
• Waren die Ziele realistisch und in einem klaren Zeitrahmen definiert? ☐ 1 ☐ 2 ☐ 3 ☐ 4 ☐ 5	
• Wurden die Ergebnisse ohne Buzzwords und klare Schritte dargestellt? ☐ 1 ☐ 2 ☐ 3 ☐ 4 ☐ 5	
• Wurde ein konkreter Mehrwert für Ihr Unternehmen kommuniziert? ☐ 1 ☐ 2 ☐ 3 ☐ 4 ☐ 5	
Zwischensumme:	

Anhang:
Praktische Werkzeuge für
Ihre Beratungswahl

Thema	Punkte
Ergebnisübertrag:	
5. Zielsetzung	
• Waren die Ziele klar, realistisch und messbar? ☐ 1 ☐ 2 ☐ 3 ☐ 4 ☐ 5	
• Wurden gemeinsam mit Ihnen klare Ergebnisse formuliert? ☐ 1 ☐ 2 ☐ 3 ☐ 4 ☐ 5	
• Führen die Zielvorgaben zu langfristiger Unabhängigkeit und Selbstständigkeit? ☐ 1 ☐ 2 ☐ 3 ☐ 4 ☐ 5	
6. Kompetenzaufbau	
• Wurde Wissen vermittelt, sodass Ihr Team selbstständig arbeiten kann? ☐ 1 ☐ 2 ☐ 3 ☐ 4 ☐ 5	
• Ermöglicht die Beratung Ihrem Team, Verantwortung zu übernehmen? ☐ 1 ☐ 2 ☐ 3 ☐ 4 ☐ 5	
Zwischensumme:	

Thema	Punkte
Ergebnisübertrag:	
• Sind die Prozesse vereinfacht, sodass Ihr Team eigenständig agieren kann? ☐ 1 ☐ 2 ☐ 3 ☐ 4 ☐ 5	
7. Freiheit	
• Fördert die Beratung Unabhängigkeit, statt langfristige Abhängigkeit zu schaffen? ☐ 1 ☐ 2 ☐ 3 ☐ 4 ☐ 5	
• Haben Sie nach der Beratung alle notwendigen Werkzeuge, um allein weiterzumachen? ☐ 1 ☐ 2 ☐ 3 ☐ 4 ☐ 5	
• Fühlen Sie sich nach Abschluss des Projekts in der Lage, eigenständig zu agieren? ☐ 1 ☐ 2 ☐ 3 ☐ 4 ☐ 5	
8. Angebot	
• War das Angebot klar und präzise, ohne unnötige Zusätze? ☐ 1 ☐ 2 ☐ 3 ☐ 4 ☐	
Zwischensumme:	

Anhang:
Praktische Werkzeuge für
Ihre Beratungswahl

Thema	Punkte
Ergebnisübertrag:	
• Gab es keine ständigen Anpassungen und Zusatzangebote? ☐ 1 ☐ 2 ☐ 3 ☐ 4 ☐ 5	
• Entsprach das Angebot genau dem, was Sie wirklich benötigen? ☐ 1 ☐ 2 ☐ 3 ☐ 4 ☐ 5	
9. Zusammenarbeit	
• Wurden Ihre Mitarbeitenden aktiv in Entscheidungsprozesse eingebunden? ☐ 1 ☐ 2 ☐ 3 ☐ 4 ☐ 5	
• Wurden unnötige Meetings reduziert und Entscheidungen praxisnah getroffen? ☐ 1 ☐ 2 ☐ 3 ☐ 4 ☐ 5	
• Lag die Kontrolle des Projekts am Ende in Ihren Händen? ☐ 1 ☐ 2 ☐ 3 ☐ 4 ☐ 5	
Summe:	

Ergebnisbewertung:

90 – 135 Punkte: Sie arbeiten mit einer exzellenten Beratung zusammen, die auf Klarheit, Selbstständigkeit und langfristigen Erfolg setzt.

45 – 90 Punkte: Ihre Beratung leistet gute Arbeit, es gibt jedoch einige Bereiche, in denen mehr Transparenz und Unabhängigkeit wünschenswert wären.

Unter 45 Punkte: Es könnte sinnvoll sein, Ihre aktuelle Beratung zu hinterfragen – die Ziele und Werte der Zusammenarbeit sollten möglicherweise neu ausgerichtet werden.

Dieses **Prüfformular** können Sie auch auf der Webseite zum Buch (https://dieschlechtesteberatungderwelt.de/materialien) herunterladen. Sie hilft Ihnen dabei, Ihre aktuelle Beratung sachlich zu bewerten und herauszufinden, ob sie Ihren langfristigen Zielen dient oder ob Verbesserungen notwendig sind.

Anhang:
Praktische Werkzeuge für
Ihre Beratungswahl

Abschluss: Die Suche nach der richtigen Beratung

Liebe Leserinnen und Leser,

am Ende geht es darum, die **richtige Beratung** für sich zu finden – eine Beratung, die nicht nur verspricht, sondern auch liefert. Die Entscheidung, welche Beratung zu Ihrem Unternehmen passt, ist keine einfache. Sie haben in diesem Ratgeber viele Ansätze gesehen und hoffentlich auch über einige unserer humorvollen Seiten geschmunzelt.

Wir hoffen, dass Sie nach unserer Reise durch die Welt der Beratung die wichtigsten Punkte mitgenommen haben:

- **Transparenz** ist unerlässlich. Es sollte keine Überraschungen bei den Kosten oder den Ergebnissen geben.
- **Kompetenzaufbau** muss langfristig erfolgen. Eine Beratung, die Sie unabhängig macht, ist der Schlüssel zum nachhaltigen Erfolg.
- **Wertorientierung** schlägt leere Versprechen. Beratung sollte auf den Wert und Nutzen ausgerichtet sein, den Sie für Ihr Unternehmen erhalten.

Jetzt fragen Sie sich vielleicht: „Warum also ‚**Die schlechteste Beratung der Welt**'?" Weil wir glauben, dass echte Beratung **klar, wertorientiert und transparent** sein sollte – auch wenn das bedeutet, dass wir uns am Ende überflüssig machen. Unser Ansatz ist anders, weil wir nicht daran arbeiten, Sie an uns zu binden. Im Gegenteil: Unser Erfolg misst sich daran, wie schnell und wie gut **Sie** und Ihr Team eigenständig agieren können.

Vielleicht sind wir deshalb die „Schlechtesten", weil wir keinen Raum für endlose Beratungszyklen und Abhängigkeiten lassen. **Wir machen uns überflüssig – und genau das könnte für Sie der beste Ansatz sein.**

Vielen Dank, dass Sie uns auf dieser Reise begleitet haben. Wir hoffen, dass Sie die Werkzeuge und Einsichten gefunden haben, die Sie benötigen, um die **passende Beratung** für Ihr Unternehmen zu wählen – sei es mit uns oder jemand anderem.

Herzliche Grüße,
Francois & Gebhard

Anhang:
Praktische Werkzeuge für
Ihre Beratungswahl

DANKE

Dieses Buch wäre ohne die Unterstützung und das Vertrauen vieler Menschen nicht möglich gewesen. Daher möchten wir uns an dieser Stelle bei einigen ganz besonders bedanken.

Zunächst geht unser Dank an unsere **Familien**, die uns während der gesamten Zeit mit Geduld, Verständnis und der nötigen Portion Humor begleitet haben. Ihr habt uns den Raum gegeben, unserer Leidenschaft nachzugehen, und uns immer wieder daran erinnert, warum wir das tun, was wir tun.

Ein großes Dankeschön gilt auch unseren **Kolleginnen und Kooperationspartnern**, mit denen wir immer wieder neue Ideen entwickeln, ungewöhnliche Wege beschreiten und gemeinsam herausfinden, wie „Die schlechteste Beratung der Welt" zur besten Wahl werden kann. Ohne euch wären die Herausforderungen nur halb so spannend und die Erfolge nur halb so erfüllend.

Wir möchten uns ebenso bei unseren **Kundinnen und Kunden**, heutigen wie zukünftigen, bedanken. Ihr Vertrauen und die gemeinsamen Projekte haben uns nicht nur beruflich, sondern auch persönlich bereichert. Es ist ein Privileg, euch auf eurem Weg zu begleiten und gemeinsam echte Veränderungen zu bewirken.

GUTE BERATUNG, SCHLECHTE ERGEBNISSE

Und last but not least: Ein ganz herzliches Dankeschön an **Sie, unsere Leserinnen und Leser**. Vielen Dank für Ihr Interesse, Ihre Zeit und Ihre Offenheit, uns auf dieser humorvollen und doch tiefgründigen Reise durch die Welt der Beratung zu begleiten. Wir hoffen, dass Sie wertvolle Einblicke und vielleicht auch den ein oder anderen Lacher mitgenommen haben.

Mit Dankbarkeit und Vorfreude auf das, was noch kommt,

Francois & Gebhard

Anhang:
Praktische Werkzeuge für
Ihre Beratungswahl

Kontakt

Falls Sie mehr über unsere Ansätze erfahren oder mit uns direkt über Ihre Herausforderungen sprechen möchten, zögern Sie nicht, uns zu kontaktieren:

Francois Zietlow

E-Mail: francois@zietlow.net

Mobil: +49 179 7300177

Gebhard Borck

E-Mail: direkt@gebhardborck.de

Mobil: +49 173 7208307

Wir freuen uns auf Ihre Nachricht und stehen Ihnen gerne für Fragen oder Anfragen zur Verfügung!

GUTE BERATUNG, SCHLECHTE ERGEBNISSE

Anhang:
Praktische Werkzeuge für
Ihre Beratungswahl

Über die Entstehung dieses Buches

Dieses Buch ist in Zusammenarbeit mit ChatGPT entstanden und basiert auf Interviews, die Francois und ich geführt haben, sowie auf unseren langjährigen Erfahrungen hinter den Kulissen. Dabei haben wir sowohl Gespräche mit anderen Beraterinnen und Beratern über den Umgang mit Kunden als auch unsere eigenen Erfahrungen in der Zusammenarbeit mit Kunden eingebracht.

Wir haben die Inhalte, die ChatGPT für uns erstellt hat, sorgfältig geprüft und stehen voll und ganz hinter allen Aussagen. Dank der Unterstützung durch ChatGPT war es uns möglich, dieses Buch mit einem akzeptablen Zeitaufwand zu erstellen – eine Chance, die wir sehr schätzen.

Tatsächlich hätten wir unser Know-how gerne schon früher geteilt, doch bisher war der Aufwand dafür einfach zu hoch. Mit den technologischen Möglichkeiten von heute können wir unser Wissen endlich auf effiziente Weise in die Welt bringen und hoffen, dass dieses Buch Ihnen ebenso viel bringt, wie es uns Spaß gemacht hat, es zu schreiben.

www.ingramcontent.com/pod-product-compliance
Lightning Source LLC
Chambersburg PA
CBHW070925220526
45471CB00013B/2531